MANESSE BÜCHEREI

Hans Schumann

Der Schwefelgelbe

Fontane und Bismarck

Manesse Verlag
Zürich

Unser Thema ist in das umfassendere «Fontane und Preußen» eingebunden. Und wenn man sieht, daß Fontanes Verhältnis zu Preußen zwar fest war, aber, dem wechselreichen Gang der Geschichte folgend, doch zwischen Zuneigung und Abneigung schwankte, dann mag das ein erhellendes Licht auch auf Fontanes gespaltenes Verhältnis zu Bismarck werfen.

Man hat Fontane gern den Sänger, den Verherrlicher der Mark Brandenburg genannt, die er mit Liebe und Anhänglichkeit so unvergleichlich geschildert hat. Aber für die Etikettierung «Verherrlicher» bedankte er sich, wie wir in Thomas Manns einfühlsamem Aufsatz «Der alte Fontane» lesen. «Ich habe sagen wollen und wirklich auch gesagt: ‹Kinder, so schlimm, wie ihr es macht, ist es nicht›; und dazu war ich berechtigt; aber es ist Torheit, aus diesen Büchern herauslesen zu wollen, ich hätte eine Schwärmerei für Mark und Märker. So dumm war ich nicht.»[1]

Er war auch nicht so dumm, ein unkritischer Preußenschwärmer zu sein, selbst wenn seine 1847 erschienenen «Preußenlieder»[2], die zündenden, patriotischen Verse auf Derfflinger, Zieten, Schwerin und andere Helden der preußischen Geschichte, so klangen und dem als angestellten Apotheker eine sehr bescheidene Existenz führenden jungen Mann ersten dichterischen Ruhm bescherten.

Politisch war Fontane damals ein Anhänger Herweghs, dessen «Gedichte eines Lebendigen»[3] das Junge Deutschland in revolutionäre Begeisterung versetzt hatten; er war nicht einmal ein Liberaler, er war ein Linker, ein Demokrat, bereit zum Umsturz des polizeistaatlichen preußischen Herrschaftssystems; tief enttäuscht von König Friedrich Wilhelm IV., sagte er sich sogar von der Monarchie los und bekannte sich zur Republik.

Als am 18. März 1848 die aufgebrachten Berliner gegen die königliche Armee aufstanden, war auch Fontane mit dem Gewehr in der Hand auf den eilig errichteten Barrikaden. Leidenschaftlich ergriff er Partei für das Volk, freute sich des Sieges der Revolution, der freilich alsbald die Restauration folgte, und war engagiert in den

Große Barrikade vor dem Köllnischen Rathaus zu Berlin in der Nacht vom 18. auf den 19. März 1848

Wahlvorbereitungen für die Nationalversammlungen in Berlin und in Frankfurt, von wo man die Einigung Deutschlands in einem Nationalstaat erwartete.

Wie ganz anders die Rolle, die Bismarck in jenen Deutschland aufwühlenden Wochen und Monaten spielte. Er stand, bildlich gesprochen, nicht weniger radikal als Fontane auf der anderen Seite der Barrikade. In den Vereinigten Landtag gewählt, war er ein Anhänger der Rechten, stritt für Monarchie und Militär und wollte mit seinen Schönhausener Bauern dem König zu Hilfe eilen. Rückblickend sagte Bismarck am 6. November 1849 in einer Landtagsrede: «Was uns gehalten hat, war gerade das spezifische Preußentum. Es war der Rest des verketzerten Stockpreußentums, der die Revolution überdauert hatte, die preußische Armee, der preußische Schatz, die Früchte langjähriger intelligenter preußischer Verwaltung und die lebendige Wechselwirkung, die in Preußen zwischen König und Volk besteht. Es war die Anhänglichkeit der preußischen Bevölkerung an die angestammte Dynastie, es waren die alten preußischen Tugenden von Ehre, Treue, Gehorsam und Tapferkeit, welche die Armee von dem

Knochenbau, dem Offizierskorps, ausgehend bis zu den jüngsten Rekruten durchziehen.»

Als politischer Journalist erregte Fontane damals mit Artikeln in der Berliner «Zeitungs-Halle» Aufsehen und die stärkste Ablehnung von konservativer Seite. Sich beziehend auf das bekannte Wort des Königs, «Preußen gehe fortan in Deutschland auf», schrieb er,[4] man möchte es kaum glauben, kühlen Kopfes, Preußen müsse in Deutschland nicht aufgehen, es müsse untergehen. «Diese Auferstehung Deutschlands wird schwere Opfer kosten. Das schwerste unter allen bringt Preußen. Es stirbt … Jeder andere Staat kann und mag in Deutschland aufgehen; gerade Preußen muß darin untergehen. Was unsere Zeit so schön charakterisiert, ist Gerechtigkeit gegen jede Nationalität. Die eigene schützen, die fremde achten, das ist Losung und Feldgeschrei. Innerhalb der Nationalitäten aber werden die Stammesverschiedenheiten wieder in ihr Recht treten, und diese Rückkehr zum Natürlichen bringt Preußen um seine Existenz.

Bayern, Sachsen, Schwaben, sie werden in Deutschland aufgehen, der großen deutschen Republik werden diese Namen nicht fehlen. Aber eine preußische Republik ist eine Unmöglichkeit, Preußen muß zerfallen. Seine Provinzen gleichen ebenso vielen Eisenstäben, die ohne Anziehungskraft untereinander nur durch das Tau eines absoluten Willens zusammengehalten werden. Das Tau ist mürbe geworden, es wird zerrissen, und die Eisenstäbe werden folgen, wohin der Magnet der Stammesgleichheit sie zieht. Preußen war eine Lüge, das Licht der Wahrheit bricht an und gibt der Lüge den Tod. Mögen Tausende sich erheben und Preußen eine Wahrheit, mich aber einen Lügner nennen, mögen sie in Ermangelung eines anderen Beweises das Paradepferd unserer glorreichen Geschichte reiten – ich antworte ihnen, das jetzige Preußen hat keine Geschichte.

Was gilt dem Schlesier die Schlacht bei Fehrbellin, was gilt ihm selbst der Siebenjährige Krieg mit seinem zweifelhaften Recht? Was gelten dem Sachsen, den Rheinländern unsere Siege bei Dennewitz und Großbeeren? Sie fochten auf feindlicher Seite, als wir den Tempel unseres Ruhms mit Trophäen schmückten. Vergebens suchen unsere Staatsmänner nach einem Ausweg, Österreich und Preußen unterliegen der Nemesis der Geschichte; welche Politik wir auch verfolgen mögen, ob eine hochherzig

Theodor Fontane, 1843
Kreidezeichnung von Hermann Karl Kersting

deutsche oder eine königlich preußische, der Ausgang bleibt derselbe: das jetzige Preußen hört auf zu sein.

Preußen hat nur die Wahl zwischen einem Untergehen in Deutschland oder einem Zusammenschrumpfen auf das Ländergebiet von 1740. Es kann nicht zweifelhaft sein, was schöner wäre: ein solcher Tod oder ein solches Leben. Preußen spricht so gern von seinen Opfern, die es der deutschen Sache gebracht habe; nun denn, so steh' es nicht an, auch das letzte, größte zu bringen. Betrachte es sich als ein Mann, und drücke es sich todesmutig die Speere ins Herz, um der Größe des Vaterlandes willen. Ein Tod kann unsterblicher sein als ein ganzes Leben.»

Es war ein starkes Stück für einen Preußen, seinem ruhmreichen Staat die Auflösung vorzuschlagen. Der Gedanke war nicht neu, er hatte schon viele Köpfe, vornehmlich in Süddeutschland, umgetrieben, die sich fragten, wie ein deutscher Nationalstaat verwirklicht werden könne, ohne von Preußen erdrückt zu werden. Ein reaktionäres Preußen kam für den zu bildenden Bundesstaat nicht in Frage. Ein konstitutionell verfaßtes Preußen aber würde seine Künstlichkeit überwinden, aus den Preußen endlich ein

Volk machen und so das Übergewicht noch verstärken. Aus diesem Dilemma sah man nur den Ausweg der Selbstaufgabe. Doktrinär befangen, erkannte man nicht, daß man sich in eine gänzlich überzogene realitätsferne Konzeption verirrt hatte. Weder war ein Nebeneinander von preußischem Landtag und Reichstag unmöglich, noch mußte die zentrale Reichsgewalt losgelöst von den Bundesländern existieren. Bismarck hat 1871 gezeigt, daß die konstruierten Schwierigkeiten sich dank der föderativen Strukturierung Deutschlands beheben ließen.

Wie dem deutschen Bürgertum ganz allgemein, ging es auch Fontane um die Beseitigung des reaktionären Deutschen Bundes, um liberale Verfassungen in allen deutschen Staaten und um Einheit in Freiheit. Empört lehnte er Bestrebungen ab, die Einheit auf Kosten der Freiheit zu verwirklichen. Er schrieb: «Ohne Freiheit gibt es wohl eine Einheit der Kabinette, eine Einheit der Polizei, eine Einheit von allem möglichen, nur nicht eine Einheit des deutschen Volkes. Nein, keine Einheit um jeden Preis, überhaupt kein Streben nach Einheit; sie muß sich geben wie die Liebe – aller Zwang ist ihr Tod. Nur ‹Freiheit um jeden Preis!›. Dann ist die

Zeit nahe, wo kein Schwanken mehr ist, ob einig oder frei. Dann werden wir einig sein durch die Freiheit und frei sein durch die Einigkeit.»[5]

Von dem Gedanken der Auflösung Preußens hatte sich Fontane allerdings bald wieder abgewandt. Unzufrieden mit dem Gang der Dinge in der professoralen Paulskirche, vermißte er eine bodenständige Kraft, die ein tragfähiges Fundament für ein vereinigtes Deutschland abgeben könnte. Und als gar Gerüchte aufkamen, König Friedrich Wilhelm sei bereit, Preußen auf dem Weg nach Deutschland in reichsunmittelbare Regionen aufzuteilen, da wurde ihm doch bange, und er schrieb[6]: «Das Projekt ist ein kühner Griff, das Vabanque eines Spielers. Ein Märchen aus ‹Tausendundeine Nacht›, so wär' es; ein Traum – die Erhebung, aber Wirklichkeit – der Fall. Wie König Lear würde der Kaiser heimkehren zu seinen verschenkten Provinzen, aber er fände das Volk mitleidlos wie Regan und Goneril[7]. Jener kühne Schritt zum Kaiserthrone auf Kosten des alten Preußentums hätte ihm die letzten Herzen der Heimat entfremdet, und was ihm Staffel zu neuem Glanz werden sollte, wär' ihm vor der Zeit zur Grube des alten geworden.»

Dem Freund Wilhelm Wolfsohn, der ihm eine Mitarbeiterstelle bei der «Dresdner Zeitung» verschafft hatte, berichtete er am 11. Dezember 1849, daß die Redaktion einen Beitrag von ihm wegen altpreußischer Gesinnung nicht habe drucken können. «Ich bin nun mal Preuße und freue mich, es zu sein. Wäre es denkbar, daß sich aus Lippe-Schaumburg oder aus Hohenzollern-Hechingen ein großes einiges Deutschland bilden könne und wolle, so würd' ich preußische Regierung und preußisches Volk verachten, wenn es auch nur einen Augenblick anstünde, sich der Hoheit und Herrlichkeit des Gesamt-Vaterlandes zum Opfer zu bringen. Unseren par force-Demokraten zu Gefallen, aber mein Vaterland zu schmähen und zu verkleinern, bloß um nachher eine vollständige Schweinewirtschaft und in dem republikanischen Flicken-Lappen, Deutschland genannt, noch lange nicht so viel *deutsche* Kraft und Tüchtigkeit zu haben wie jetzt in dem alleinigen Preußen – um diese Herrlichkeit zu erzielen, mag und werde ich Preußen nicht in den Dreck treten... Die Gegenwart bietet des Traurigen genug: ich werde Gelegenheit haben, nach wie vor auf die Polizei zu schimpfen und den augenblicklichen Kammer-Jammer zu bejammern. Aber die Entrüstung über *unpreußische* Handelsweise der jetzigen preußischen Machthaber wird nie so weit gehen, daß ich das Kind mit dem Bade ausschütte und wohl gar Land und Volk schmähe, aus *Liebe,* zu dem ich überhaupt nur in Entrüstung geraten konnte.»

Den letzten Satz wollen wir uns merken.

Fontane hatte sich mit den Tatsachen abgefunden. Er arbeitete in den fünfziger Jahren als Journalist im Dienst der Regierung, aus Not um das tägliche Brot. In den sechziger Jahren unterstützte er als Mitarbeiter der «Kreuz-Zeitung»[8] die Politik Bismarcks, den Liberale und Fortschrittler haßerfüllt bis 1866 bekämpften, und er beschrieb ausführlich, für das Militärische immer aufgeschlossen, die Kriege gegen Dänemark, Österreich und Frankreich. Als er aber Beamter mit der Aussicht auf den Geheimrat werden konnte – seine Frau wäre glücklich gewesen, endlich die ständigen Geldsorgen los zu sein –, gab er das Beamtensklaventum nach kurzer Zeit auf und zog die unsichere Existenz eines freien Schriftstellers vor.

Sein Unbehagen an der Entwicklung, die Preußen-Deutschland nach der Reichsgründung nahm, wuchs. Er sah allenthalben eine Pervertierung dessen, was ihm an Preußen lieb und wert war. Alles, schrieb er am 2. November 1896 an den befreundeten Amtsgerichtsrat Dr. Georg Friedlaender, was jetzt bei ihnen obenauf sei, sei ihm grenzenlos zuwider: dieser beschränkte, selbstsüchtige, rappschige Adel, diese verlogene oder bornierte Kirchlichkeit, dieser ewige Reserveoffizier, dieser greuliche Byzantinismus, die Bildungsphilisterei und die furchtbare Bourgeoisie. Dazu aus einem Brief vom 18. April 1884[9] an seine Tochter Mete, die ihm besonders nahestand: «Ich halte diese Form gesellschaftlicher Tournüre für die höchste: Freiheit und Natürlichkeit bei Zartheit und Rücksichtnahme. Die gewöhnliche gesellschaftliche Freiheit besteht aus äußerlicher Geschraubtheit und innerlicher Rücksichtslosigkeit.

Ich sehe in den Übertreibungen einen Einfluß des mit dem wachsenden Wohlstande überhandnehmenden Bourgeoistums, gegen das ich jetzt eine mindestens so tiefe Abneigung empfinde wie in früheren Jahrzehnten gegen Professorenweisheit, Professorendünkel und Professorenliberalismus ... Wirklicher Reichtum imponiert mir oder erfreut mich wenigstens, seine

Erscheinungsformen sind mir in hohem Maße sympathisch, und ich lebe gern inmitten von Menschen, die 5000 Grubenarbeiter beschäftigen, Fabrikstädte gründen und Expeditionen aussenden zur Kolonisierung von Mittel-Afrika. Große Schiffsreeder, die Flotten bemannen, Tunnel- und Kanalbauer, die Weltteile verbinden, Zeitungsfürsten und Eisenbahnkönige sind meiner Huldigungen sicher, ich will nichts von ihnen, aber sie schaffen und wirken zu sehen, tut mir wohl; alles Große hat von Jugend auf einen Zauber für mich gehabt, ich unterwerfe mich neidlos.

Aber der ‹Bourgeois› ist nur die Karikatur davon; er ärgert mich in seiner Kleinstietzigkeit und seinem unausgesetzten Verlangen, auf nichts hin bewundert zu werden. Vater Bourgeois hat sich für 1000 Taler malen lassen und verlangt, daß ich das Geschmiere für einen Velásques halte. Mutter Bourgeoise hat sich eine Spitzenmantille gekauft und behandelt diesen Kauf als ein Ereignis; alles, was angeschafft oder wohl gar ‹vorgesetzt› wird, wird mit einem Blicke begleitet, der etwa ausdrückt: ‹Beglückter du, der du von *diesem* Kuchen essen, von *diesem* Weine trinken durftest›; alles ist kindische Überschätzung einer Wirtschafts- und Lebensform, die schließlich gerade so gut Sechserwirtschaft ist, wie meine eigene. Ja, sie es es mehr, ist es recht eigentlich. Ein Stück Brot ist nie Sechserwirtschaft, ein Stück Brot ist ein Höchstes, ist Leben und Poesie. Ein Gänsebraten-Diner aber mit Zeltinger und Baiser-Torte, wenn die Wirtin dabei strahlt und sich einbildet, mich der Alltäglichkeit meines Daseins auf zwei Stunden entrissen zu haben, ist sechserhaft in sich und doppelt durch die Gesinnung, die es begleitet. Der Bourgeois versteht nicht zu geben, weil er von der Nichtigkeit seiner Gabe keine Vorstellung hat. Er ‹rettet› immer, und man verschreibt sich ihm auf eine Schrippe hin für Zeit und Ewigkeit.»

Der Adel, von dem sein ganzes literarisches Werk mit Zuneigung spricht und dem er zuletzt in Gestalt von Dubslav von Stechlin ein nobles Denkmal gesetzt, wurde ihm ungenießbar, und das zur Bourgeoisie verwandelte Bürgertum wurde ihm unerträglich. Schließlich schien ihm nur noch die Arbeiterschaft Zukunft zu haben. Am 22. August 1895 heißt es in einem Brief an Mete: «Die Menschheit fängt nicht beim Baron an, sondern, nach unten zu, beim 4. Stand; die 3 andern können sich begraben lassen.»

Ernüchtert von der Politik Wilhelms II., auf den er anfangs hoffnungsvoll gesetzt hatte, schrieb er am 5. August 1893 an den Maler August von Heyden, daß man «an unsicheren Zuständen» laboriere. «Der Zusammenbruch der ganzen von 64 bis 70 aufgebauten Herrlichkeit wird offen diskutiert ... Das Eroberte kann wieder verlorengehn, Bayern kann sich wieder ganz auf eigene Füße stellen, die Rheinprovinz geht flöten, Ost- und Westpreußen auch, und ein Polenreich (was ich über kurz oder lang beinah für wahrscheinlich halte) entsteht aufs neue.» Man erschrickt, wenn man das liest, geschrieben ein halbes Jahrhundert vor dem Ende des Zweiten Weltkriegs.

August von Heyden erwähnt übrigens Bismarck in «Gedanken und Erinnerungen»[10] mit vernichtender Bosheit als «ein sich leicht bewegender Gesellschaftsmann, der, vor dreißig Jahren Bergwerksbeamter eines schlesischen Magnaten, heute in den bergmännischen Fachkreisen für einen Maler und in den künstlerischen für einen Bergmann gilt. Derselbe hatte, wie uns mitgeteilt wurde, seinen Einfluß bei dem Kaiser weniger auf sein eigenes Urteil als auf seinen Verkehr mit einem alten Arbeiter aus dem Wedding begründet, welchen er als Modell für Bettler und Propheten benutzte und aus dessen Unterhaltung er zugleich Material für legislatorische Anregungen an höchster Stelle schöpfte.»

Fontane fühlte sich abgestoßen von dem Ungeist, der ihn umgab, und schrieb am 22. März 1896 an Friedlaender[11], «je mehr wir verassessort und verreserveleutnantet werden, je toller wird es». Der letzte Rest von natürlichem Gefühl, was immer gleichbedeutend sei mit poetischem Gefühl, gehe verloren. Nach wie vor bekannte sich Fontane zu den alten preußischen Tugenden der Einfachheit, des Haushaltens und der Treue, aber der neumodische, auf Äußerlichkeit und Geld versessene «Borussismus»[12] war ihm ein Greuel. Dem Verleger Wilhelm Hertz gesteht er am 27. Mai 1894: «Welch Glück, daß wir noch ein außerpreußisches Deutschland haben. Oberammergau, Bayreuth, München, Weimar – das sind die Plätze, daran man sich erfreuen kann. Bei Strammstehen und Finger an der Hosennaht ... wird mir schlimm. Und dabei bin ich in der Wolle gefärbter Preuße. Was müssen erst die andern empfinden?»

In der späten fragmentarischen Abhandlung[13] «Die preußische Idee» hat Fontane den Schlingergang eines Preußen, des Geheimrats Adalbert Schulze, satirisch nachgezeichnet. Der gute Schulze beginnt als Kantianer, dem kategorischen Imperativ verpflichtet, wird dann, revolutionär gestimmt, Herweghianer, wird nach der gescheiterten achtundvierzigerrevolution regierungsfrommer Polizeirat, begrüßt Bismarcks Einigungskriege, unterstützt auch seinen Kulturkampf, und als dieser abgeblasen wird, ist er auch damit einverstanden, denn «Bismarck hat immer recht».

Nicht so Fontane. Er sah immer Avers und Revers der Medaille. Daher wäre es nicht zutreffend, sein Verhältnis zu Preußen wie auch zu Bismarck als widersprüchlich zu bezeichnen. Kritik ist nicht widersprüchlich. In ihrer Sicht steht Positives und Negatives nebeneinander.

«Wir sind gleichaltrig»[14], bemerkte Fontane einmal – genau genommen war er vier Jahre jünger als Bismarck –, und beide sind im Abstand von nur acht Wochen 1898 gestorben. Der Eingang zum Mausoleum in Friedrichsruh zeigt die ersten Verse «Wo Bismarck liegen soll», die Fontane wenige Tage nach dem Tod des Altreichskanzlers als Beitrag zu der entstandenen Diskussion über die letzte Ruhestätte verfaßt hatte.

Nicht in Dom oder Fürstengruft,
Er ruh' in Gottes freier Luft
Draußen auf Berg und Halde,
Noch besser, tief, tief im Walde;
Widukind lädt ihn zu sich ein:
«Ein Sachse war er, drum ist er mein,
Im Sachsenwald soll er begraben sein.»

Der Leib zerfällt, der Stein zerfällt,
Aber der Sachsenwald, der hält.
Und kommen nach dreitausend Jahren
Fremde hier des Weges gefahren
Und sehen, geborgen vorm Licht der
Sonnen,
Den Waldgrund in Efeu tief eingesponnen,
Und staunen der Schönheit und
jauchzen froh,
So gebietet einer: «Lärmt nicht so!
Hier unten liegt Bismarck irgendwo.»

Zunächst hatte Fontane abgelehnt, als die Vossische Zeitung[15] ihn um ein Gedicht zum Tod Bismarcks bat. Wo Tausende Blech sprechen, auch seinerseits noch auf einer Kindertrompete zu blasen, das habe ihm immer widerstanden. Da müsse noch viel Wasser die Spree herunterfließen, meinte er, ehe Bismarck wieder ein Stoff geworden sei. Dann freilich ein gehöriger, vorerst sei er bloß langweilig.

Dann aber bewegte ihn doch die Frage nach der Grabstätte, die sich Kaiser Wilhelm II. im Gegensatz zur Familie im Berliner Dom wünschte, «an der Seite meiner Vorfahren», wie er noch an Bord der «Hohenzollern» auf die Todesnachricht hin telegraphiert hatte. Bei diesem vorschnellen Entschluß spielte sicherlich eine Seiner Majestät schmeichelhafte Vorstellung die Rolle, dem «Diener» seines Hauses durch Aufnahme in den erlauchten Ahnenkreis eine besondere, großzügige Ehre zu erweisen. Er kannte den unversöhnlichen Alten schlecht; auch waren die Hohenzollernschen Könige und Kaiser, unter denen Bismarck gewirkt hatte, gar nicht im Dom beigesetzt. Und so beginnt denn Fontanes Gedicht mit einer klaren Ablehnung der kaiserlichen Vorstellung.

In dieser anfänglich skeptischen Zurückhaltung zeigt sich die Ambivalenz der Gefühle, die Fontane gegenüber der überragenden Gestalt des Reichsgründers beherrschte. Indessen war es ganz danebengegriffen, wenn Maximilian Harden, der bekannte Publizist, Fontanes Verhältnis zu Bismarck einmal falsch und lügnerisch nannte. Dem hat Thomas Mann in seinem Brief an Harden vom 30. August 1910[16] entschieden widersprochen: «Ich finde, daß die Größe nicht nur verehrungswürdig, sondern vor allem auch *interessant* ist, und ich finde, daß man lieben, verehren und dabei *zweifeln* kann, ja, daß diese Art Liebe und Verehrung die tiefste ist.» So war es. «Was mit Bismarck Zusammenhang hat», schrieb Fontane am 21. Juni 1884 an seine Frau, «ist immer interessant.» Merkwürdig, daß Harden das Zwiespältige der Empfindungen, das zwischen Bewunderung und Ablehnung Schwankende, bei Fontane nicht verstanden hat, denn in einem Brief an ihn vom 4. März 1894 heißt es: «In fast allem, was ich seit 70 geschrieben, geht der ‹Schwefelgelbe› um, und wenn das Gespräch ihn auch nur flüchtig berührt, es ist immer von ihm die Rede.» In der Tat, von den Kriegsbüchern 1864, 1866 und 1870/71 über Gedichte, Erzählungen und Romane bis zur reichen Korrespondenz, Bismarck war ein zentrales Thema. Schwefelgelb, das meint das Gelb des Kragens der Uniform des siebten Regiments der Halberstädter Kürassiere und läßt zugleich ein Luziferisches assoziieren. Auf eine knappere und beziehungsreichere Formel ließe sich Fontanes Bismarckbild kaum bringen.

Doch bevor dem weiter nachgegangen wird, sei zunächst die umgekehrte Frage nach dem Verhältnis von Bismarck zu Fontane gestellt. Bismarck kannte ihn, wie sein Brief vom 26. November 1867 bestätigt: «Euer Wohlgeboren danke ich verbindlich für die Übersendung Ihrer neuesten Arbeit, ‹Der deutsche Krieg von 1866›, von der ich mir in der Erinnerung an das Interesse, mit dem ich Ihre ‹Wanderungen durch die Mark› gelesen, und im Hinblick auf die gelungene artistische Ausstattung eine besonders anziehende Lektüre verspreche.» Vielleicht hat Bismarck auch als Leser der «Vossischen Zeitung» gelegentlich die Theaterkritiken Fontanes, die noch heute sehr lesenswert sind, überflogen; wir wissen es nicht. Und daß er in der «Vossin» etwa den «bei der entsetzlichen Mediokrität deutscher Kritik und deutschen Durchschnittsgeschmacks» – so Fontane – «viel angefochtenen»[17] Roman «Irrungen und Wirrungen» in Fortsetzungen gelesen hätte, ist kaum anzunehmen.

Es ist für das Verhältnis von Macht und Geist im Bismarckreich bezeichnend, daß sich *der* Staatsmann und *der* Schriftsteller der Epoche bis

Bismarck im Reichstag, 1888
Gemälde von Anton von Werner

auf einige flüchtige Begegnungen bei offiziellen Anlässen persönlich nicht kannten. Bismarck hatte wohl kein Bedürfnis, auch war er ganz und gar von der Politik in Anspruch genommen, obwohl er keineswegs amusisch war. Er kannte seinen Shakespeare und seinen Horaz und hatte die deutschen Klassiker ständig um sich. «Musik liebe ich sehr», sagte er zu dem englischen Maler W. Richmond[18], der ihn 1887 in Friedrichsruh besuchte, «doch muß ich es mir nun versagen, sie zu hören, weil mir zu rasch Tränen ins Auge kommen. Mein Herz ist stärker als mein Kopf. Was ich an Selbstbeherrschung habe, ist durch Erfahrung erkauft.» Und als der Maler betonte, wie wichtig die Pflege der schönen Künste sei, den Gastgeber an eine vom Politiker leider vernachlässigte Aufgabe erinnernd, entrollte ihm Bismarck ein Bild der gefahrvollen Lage, in der sich Deutschland zwischen zwei Feuern, Frankreich und Rußland, befinde. «Solange Deutschlands Dasein als Nation auf dem Spiel steht, kann ich der Pflege der Künste nicht die Aufmerksamkeit zuwenden, wie ich das andernfalls gern täte, so sehr ich auch glauben mag, daß sie für die höchste Entfaltung einer Nation als Gesamtheit notwendig sind.»

Fontane hätte, wie er an seine vertraute Freundin Mathilde von Rohr am 8. Juli 1888 schreibt, nichts dagegen gehabt, «wenn mich Bismarck alle 4 Wochen zu Tisch lüde». Mit wem solle man noch verkehren? Und billiger könne er es nicht tun. Fontane litt unter dem Mittelmaß, der Heuchelei und der mangelnden Anerkennung der Gesellschaft, die ihn umgab, denn er wußte, wer er war. In einem Brief vom 30. November 1876, ebenfalls an Frau von Rohr, lesen wir: «Ohne daß man unartig oder beleidigend gegen mich gewesen wäre, was ich mir einfach verbeten haben würde, hat man mich doch nie wie einen etablierten deutschen Schriftsteller, sondern immer wie einen ‹matten Pilger› behandelt, der froh sein könne, schließlich untergekrochen zu sein. Immer die unsinnige Vorstellung, daß das Mitwirtschaften in der großen, langweiligen und, soweit ich sie kennengelernt habe, total konfusen Maschinerie, die sich Staat nennt, eine ungeheure Ehre sei. Das ‹Frühlingslied› von Uhland oder eine Strophe von Paul Gerhardt ist mehr wert als 3000 Ministerialreskripte. Nur die ungeheure Eitelkeit der Menschen, der kindische Hang nach Glanz und falscher Ehre, das brennende Verlangen, den alten

Wrangel einladen zu dürfen oder eine Frau zu haben, die Brüsseler Spitzen an der Nachtjacke trägt, nur die ganze Summe dieser Miserabilitäten verschließt die modernen Herzen gegen die einfachsten Wahrheiten und macht sie gleichgültig gegen das, was allein ein echtes Glück verleiht: Friede und Freiheit. Je älter ich werde, je mehr empfinde ich den Wert dieser beiden; alles andre ist nichts ...»

Fontane hat sich ein paar Jahre nach diesem Brief in einer kleinen, noch unausgefeilten Studie[19] ausführlich zur gesellschaftlichen Stellung des Schriftstellers in Deutschland geäußert. Darin stellt er fest, daß die Dichter und Schriftsteller, auch die besten und anerkannten, keine glückliche, gesellschaftlich gar bevorzugte Stellung einnehmen, und exemplifiziert dies am Beispiel von Paul Heyse, der damals berühmt und gefeiert war.

«Man denke sich», schreibt Fontane, «eine Gesellschaft, in der sich ein Durchschnitts-Unterstaatssekretär, zwei Durchschnitts-Ministerialdirektoren, fünf Oberste von der Garde, Geheimrat v. Frerichs, Generalsuperintendent Kögel, Geheimrat v. Leyden, Geheimrat Dunkker, ein paar Parlamentarier, ein Durchschnitts-

Generalmajor und ein Professor, der entweder ein stoffliches Buch über Staatsrecht oder über Leberkrankheiten geschrieben hat, befinden. Ich sage, man denke sich eine solche Gesellschaft. Und nun wird zum Souper gegangen. Es handelt sich darum, wer die Dame vom Hause zu Tisch führen soll und ihr später zur Linken oder Rechten sitzen wird. Ich glaube, der Unterstaatssekretär oder der Generalsuperintendent wird die Dame führen und an ihrer rechten Seite sitzen, der älteste Ministerialdirektor zur Linken, der andere vis-à-vis; in einiger Entfernung würde Heyse kommen. Warum? Soweit ich die Personen kenne, ist ihnen Heyse sämtlich überlegen, sogar sehr bedeutend; er gehört der Literaturgeschichte an, seine Werke sind in ein halb Dutzend Sprachen übersetzt, er ist um die ganze Erde herum bekannt – dennoch rückt er in die zweite Linie. Woran liegt das? Ich will nicht behaupten, daß es nicht einen Unterstaatssekretär oder einen Ministerialdirektor gäbe, der einem Dichter überlegen wäre oder wenigstens überlegen sein könnte; bis zu diesem Tage aber ist mir ein solcher noch nicht vorgestellt worden oder ich ihm. Es gibt keine andere Erklärung, als man hat keine rechte Achtung vor dem, was ein

Dichter vertritt. Kunst ist Spielerei, ist Seiltanzen.»

Und dazu führt Fontane noch eine besonders schöne Geschichte an: «Ein junger Chamisso, Sohn Adelberts, trat beim Zweiten Garderegiment ein, das damals der alte Möllendorff kommandierte, ein trefflicher alter Herr, derselbe, der am 18. März 1848 das Malheur hatte, von einem Volkshaufen gefangengenommen zu werden.

Es entspann sich zwischen dem Obersten und dem Avantageur folgendes Gespräch:

‹Also Chamisso, was war Ihr Herr Vater?
Dichter.
Was?
Dichter.
Dichter? Nun gut. Er muß doch aber
auch was Wirkliches gewesen sein?
Mein Vater war auch Landwehroffizier.
Na sehnse.›»

Was Fontane über Dubslav von Stechlins Selbstgefühl sagt, daß er es «nur ganz im stillen» hegte, traf auf Fontane selbst zu, der sich weitgehend mit Dubslav identifizierte: «... und wenn es dennoch zum Ausdruck kam», heißt es im ersten

Kapitel im «Stechlin», «so kleidete sich's in Humor, auch wohl in Selbstironie, weil er seinem ganzen Wesen nach überhaupt hinter alles ein Fragezeichen machte.» So auch Fontane hinter Bismarck, der ebenfalls wußte, wer er war.

Dazu aus einem Brief Bismarcks an seine Frau vom 18. Mai 1851 aus Frankfurt, nachdem er gerade Preußischer Gesandter beim Bundestag geworden war: «Mein Liebling, Frankfurt ist gräßlich langweilig; ich bin so verwöhnt mit viel Liebe um mich und viel Geschäften und merke jetzt erst, wie undankbar ich gegen so manche Leute in Berlin immer gewesen bin, denn von Dir und Zubehör will ich ganz absehen, aber selbst das kühlere Maß von landsmannschaftlicher und Parteizuneigung, was mir in Berlin wurde, ist ein inniges Verhältnis zu nennen gegen den hiesigen Verkehr, der im Grunde nichts als gegenseitiges mißtrauisches Ausspionieren ist; wenn man noch etwas auszuspüren und zu verbergen hätte, es sind lauter Lappalien, mit denen die Leute sich quälen, und diese Diplomaten sind mir schon jetzt mit ihrer wichtigtuenden Kleinigkeitskrämerei viel lächerlicher als der Abgeordnete der II. Kammer im Gefühl seiner Würde.

Wenn nicht äußere Ereignisse zutreten, und die können wir superklugen Bundestagsmenschen weder leiten noch vorherbestimmen, so weiß ich jetzt ganz genau, was wir in ein, zwei oder fünf Jahren zustande gebracht haben werden, und will es in vierzundzwanzig Stunden zustande bringen, wenn die andern nur einen Tag lang wahrheitsliebend und vernünftig sein wollen.

Ich habe nie daran gezweifelt, daß sie alle mit Wasser kochen; aber eine solche nüchterne einfältige Wassersuppe, in der auch nicht ein einziges Fettauge von Hammeltalg zu spüren ist, überrascht mich. Schickt Schulzen Filöhr, Stephan Lotke und Herrn v. Dombrowsky aus dem Chaussee-Hause her, wenn sie gewaschen und gekämmt sind, so will ich in der Diplomatie Staat mit ihnen machen. In der Kunst, mit vielen Worten gar nichts zu sagen, mache ich reißende Fortschritte, schreibe Berichte mit vielen Bogen, die sich nett und rund wie Leitartikel lesen, und wenn Manteuffel, nachdem er sie gelesen hat, sagen kann, was drinsteht, so kann er mehr wie ich. Jeder von uns stellt sich, als glaube er vom anderen, daß er voller Gedanken und Entwürfe stecke, wenn er's nur aussprechen wollte, und

Bismarck als Mitglied des vereinigten Landtags,
um 1847
Gemälde von Moritz Berendt

dabei wissen wir alle zusammen nicht um ein Haar besser, was aus Deutschland werden wird und soll als Dutken Sauer...» Und der Brief schließt mit den Worten: «Möge der Herr mich demütig erhalten, aber hier ist die Versuchung groß, mit sich selbst zufrieden zu sein.»

Bismarck ist einmal in seiner Eigenschaft als preußischer Ministerpräsident amtlich mit Fontane befaßt gewesen und hat in einer für den Dichter kritischen, ja kurze Zeit lebensgefährlichen Situation hilfreich und energisch eingegriffen. Fontane hatte den Auftrag des Verlegers seiner vorangegangenen Kriegsbücher angenommen, nun auch noch über den Krieg mit Frankreich ein Buch zu verfassen. Als Schlachtenbummler die Truppe begleitend, kam er nach Toul und konnte der Versuchung nicht widerstehen, von dort am 5. Oktober 1870 eine Landpartie nach Domrémy, dem Geburtsort der Jungfrau von Orléans, zu machen. «Durch die herbstlich klare Luft zogen Tausende von Sommerfäden, und auf meine neugierige Frage, welchen Namen diese weißen Fäden in Frankreich führten, antwortete mein Kutscher: *‹Les cheveux de la Ste Vierge.›* War es denkbar, unter glücklicherer Vorbedeutung in das Dorf der Jeanne d'Arc einzuziehen? Und doch täuschten alle diese Zeichen.»[20]

Fontane war zwischen die Fronten geraten und wurde unter dem Verdacht, ein preußischer Offizier und Spion zu sein, verhaftet. Es gelang ihm, Frau und Freunde von seinem Pech zu verständigen, die in Berlin alle Hebel zu seiner Befreiung in Bewegung setzten. Der leichtsinnige Kriegsberichterstatter war inzwischen über die Gefängnisse von Neufchâteau und Langres auf die Zitadelle von Besançon verbracht worden. Hier verwandte sich bereits der über klerikale Kanäle alarmierte Kardinal für ihn und verschaffte ihm den Status eines *officier supérieur.* Sein Freund Bernhard von Lepel intervenierte im Kriegsministerium bei Roon, der Verleger bei Bismarck, und dieser schrieb aus Versailles an den mit dem Schutz deutscher Personen und Interessen beauftragten amerikanischen Gesandten am 29. Oktober 1870 folgenden Brief: «Nach glaubwürdiger Mitteilung ist Dr. Fontane, ein preußischer Untertan und wohlbekannter Geschichtsschreiber, auf einer wissenschaftlichen Reise in französischen, durch deutsches Militär besetzten Distrikten verhaftet und nach Besançon abgeführt worden, wo er in Lebensgefahr zu sein scheint. Nichts kann ein derartiges Vorgehen gegen einen harmlosen Gelehrten rechtfertigen. Ich bitte Sie daher, die Güte zu haben, formell seine Freilassung von der französischen Regierung zu verlangen und ausdrücklich zu erklären, daß wir im Weigerungsfalle eine gewisse Anzahl von Personen in ähnlicher Lebensstellung in verschiedenen Städten Frankreichs verhaften und nach Deutschland schicken und ihnen dieselbe Behandlung zuteil werden lassen, die dem Dr. Fontane in Frankreich beschieden ist.»

Das war nachdrücklich, und wenn Bismarck Fontane den Doktortitel verlieh, so deshalb, um seinen zivilen Gelehrtencharakter gegenüber dem Spionageverdacht herauszustreichen. Vier Wochen später, am 26. November, ließ der Kommandant der Insel Oléron im Atlantik – das war die letzte Station der unfreiwilligen Reise – Fontane kommen und empfing ihn mit den Worten: *«Monsieur, vous êtes libre.»* Anfang Dezember war er wieder in Berlin.

Der Schwefelgelbe gehe in allem um, was er geschrieben, hatte Fontane gesagt. Wir greifen aus seinen Romanen einiges heraus und stellen fest, daß von Bewunderung und Parteinahme für Bismarck nirgends die Rede ist, ein kritischer

Unterton ist unüberhörbar, und gelegentlich wird es ausgesprochen bösartig und gehässig. Bösartig und gehässig sind dann allerdings auch die Personen, die sich so negativ äußern.

Das beginnt am Rande und karikaturistisch in «L'Adultera», erschienen 1880, mit den Auslassungen des «Negationsrats» Duquede, der, ein eingefleischter Ultrakonservativer und Bismarckgegner, gleichsam die ganze Côterie vertritt, mit deren «Übelwollen, wie man in ‹Gedanken und Erinnerungen› lesen kann, ich auch im Reichstage, am Hofe, in der Konservativen Partei und deren Deklaranten zu kämpfen gehabt hatte». Bismarck werde kolossal überschätzt, ist Duquedes *ceterum censeo.* «Alles Spiel und Glück, und daneben ein unendlicher Mangel an Erleuchtung, an Gedanken und vor allem an großen schöpferischen Ideen.»

Diese und andere abfällige Urteile fällt der frühzeitig pensionierte und verbitterte Diplomat während eines Abendessens im kleinen Kreis, und wenn es vom Hausherrn Van der Straaten heißt, daß er, eigentlich ein Bismarck-Schwärmer, als kritiksüchtiger Berliner nichts Reizenderes kannte als Größenniedermetzelung und Generalnivellierung, so war, wie mir scheint, auch

Fontane nicht ganz frei davon. Der Vorwurf des Mangels an schöpferischen Ideen trifft übrigens, nicht im Sinne des Herrn Duquede, aber aus liberaler Sicht einen Einwand gegen Bismarck und sein Werk. Weil er Ideen nicht ernst nahm, resümiert Golo Mann in seiner «Deutschen Geschichte», so sei er auch einer ideellen Entwicklung eigentlich nicht fähig gewesen.

In «Cecile» bereichert der Geheimrat Hedemayer die Tischgesellschaft auf seine Weise: «Wir sind kein Volk, das seiner Natur und Geschichte nach einen Dalai-Lama vertragen kann, und doch haben wir ihn. Wir haben einen Dalai-Lama, dessen Schöpfungen, um nicht zu sagen Hervorbringungen, wir mit einer Art Inbrunst anbeten. Rundheraus, wir schwelgen in einem unausgesetzten Götzen- und Opferdienst. Und was wir am willfährigsten opfern, das ist die freie Meinung, trotzdem keiner unter uns Älteren ist, der nicht mit Herwegh für den ‹Flügelschlag der freien Seele› geschwärmt hätte. Wie gut das klingt! Aber haben wir diesen Flügelschlag? Haben wir diese freie Seele? Nein und wieder nein, wir sind weiter davon ab denn je. Was wir haben, ist Omnipotenz. Nicht die des Staates, die nicht nur hinzunehmen, die sogar zu rühmen, ja die das einzig Richtige wäre, nein, wir haben die Omnipotenz eines einzelnen. Ich nenne keinen Namen. Aber so viel bleibt: Übergriffe sind zu verzeichnen, Übergriffe nach allen Seiten hin, und so viel Übergriffe, so viel Fehlgriffe ... Aber wenn es erst dahin gekommen ist, daß jede freie Meinung im Lande Preußen Hochverrat bedeutet, so sind wir alle Hochverräter, alle samt und sonders.»

Ein Bismarckgegner ist in «Irrungen und Wirrungen» auch Bothos Onkel, Baron von Osten, der von Bismarck sagt, «er war ein Referendar und hat eigentlich nichts gelernt als Depeschenschreiben. So viel will ich ihm lassen, das versteht er.»

In «Effi Briest», seit den «Wahlverwandtschaften» noch immer der beste deutsche Roman, so Thomas Mann, steht der Fürst immer im Hintergrund. Um sein Wohlwollen bemüht, baut Instetten, Effis Mann, seine Karriere. Die Einladungen nach Varzin zum Vortrag bei Bismarck bewirken, daß die junge Frau oft allein ist. «Schließlich ist er doch der Mann, der über uns entscheidet. Auch über mich ...», bemerkt Effi resignierend. Der Roman spiegelt die Bismarckzeit, die Welt der Politik, der Bürokratie, des

Dienstes, vor der Effi sich fürchtet und damit auch vor ihrem Mann, der diese Welt verkörpert und in der sie sich langweilt. Diese Gefühlskonstellation führt zum «Schritt vom Wege». Ein Meisterwerk unserer Literatur voll Noblesse und Herz und zugleich eine Verurteilung der in überlebten Konventionen verharrenden Oberschicht.

Der «Stechlin» schließlich, der ein politischer Roman werden sollte und in gewisser Weise auch geworden ist, im Todesjahr Fontanes herausgebracht, enthält Würdigung, Abrechnung und Ausblick der zu Ende gehenden Bismarckzeit. Zwar wird der Kanzler selbst nur an wenigen Stellen erwähnt. Einmal spricht Dubslav von Stechlin von «unserem Zivil-Wallenstein». Das korrespondiert mit einem Brief Fontanes vom 29. Januar 1894 an die Tochter Mete: «Er hat die größte Ähnlichkeit mit dem Schillerschen Wallenstein (der historische war anders): Genie, Staatsretter und sentimentaler Hochverräter. Immer ich, ich, ich, und wenn die Geschichte nicht mehr weitergeht, Klage über Undank und norddeutsche Sentimentalitätsträne.» Übrigens nahm sich der Alte vom Sachsenwald nicht von ungefähr wiederholt den Schillerschen «Wallenstein» vor.

Vom Reich und von Preußen, vom Wandel der Verhältnisse und des politischen Klimas, von der Heraufkunft einer neuen Zeit, von der Überlebtheit des Alten, vom Versuch, das Gute zu bewahren und dem Notwendigen den Weg nicht zu versperren, davon ist im «Stechlin» die Rede. Fontane läßt die geistvolle Melusine sagen: «Ich respektiere das Gegebene. Daneben aber freilich auch das Werdende. Alles Alte, soweit es Anspruch darauf hat, sollen wir lieben, aber für das Neue sollen wir recht eigentlich leben.»

Doch was im «Stechlin» mit Humor und Altersweisheit verklärt ist, in seinen Briefen, die für unser Thema am meisten hergeben, spricht sich Fontane unverblümt aus, hier ficht er eine scharfe Klinge, um uns am Ende, stellt man Positives und Negatives über seinen Helden zusammen, doch in einer gewissen Unklarheit zu lassen. Man fühlt sich fast an das Wort des immer zwei Seiten sehenden alten Dubslav erinnert: «Wenn ich das Gegenteil gesagt hätte, wäre es ebenso richtig.»

«Es ist so hoch erfreulich, einem Individuum zu begegnen und seiner Eigenart», schreibt Fontane einmal an Raabe.[21] Das war es, was ihm gefiel, und der Sinn für Größe und Rang gab in seinem kritischen Verhältnis zu Bismarck schließlich doch den Ausschlag.

Wir beschränken uns auf einige charakteristische Äußerungen aus der Korrespondenz vornehmlich der neunziger Jahre, weil in den Jahren nach der Entlassung, 1890, die Gestalt des Kanzlers Fontane noch stärker beschäftigte als zuvor.

«Aber mit Bismarck – was wird das
noch geben?
Das mit Bismarck – das möcht ich
noch erleben»,

heißt es in dem kleinen Gedicht «Ja, das möcht ich noch erleben» von 1892.

In einem Brief vom 1. Mai 1890 an Friedlaender bekennt Fontane, Bismarck habe keinen größeren Anschwärmer gehabt als ihn, seine Frau habe ihm nie eine seiner Reden oder Briefe oder Äußerungen vorgelesen, ohne daß er in helles Entzücken geraten wäre, die Welt habe selten ein größeres Genie gesehen, selten einen mutigeren und charaktervolleren Mann und selten einen größeren Humoristen. Aber eines sei ihm versagt geblieben, Edelmut, und an diesem

Nicht-Edelmut sei er schließlich gescheitert. Geschichtliche Größen, zumal im ethischen Sinne, waren für Fontane in neuerer Zeit eigentlich nur der ältere Pitt und Washington, alle andern hätten gemogelt, und «ein bißchen Mogeln» (das heißt ganz gehörig) ist Bismarck immer als das Schönste erschienen, heißt es in dem Brief an Mete vom 29. Januar 1894. Wo er ihn als Werkzeug der göttlichen Vorsehung empfinde, schrieb er weiter, beuge er sich vor ihm; wo er einfach er selbst sei, Junker und Deichhauptmann und Vorteilsjäger, sei er ihm gänzlich unsympathisch.

Das Hin- und Hergerissensein, von Bismarck überwältigt, angezogen und abgestoßen, kommt in einem Brief an August von Heyden vom 5. August 1893 besonders stark zum Ausdruck: «Das ewige Sich-auf-den-Waisenknaben-und-Biedermeier-hin-Ausspielen ist gräßlich, und man muß sich immer wieder all das Riesengroße zurückrufen, was er genialisch zusammengemogelt hat, um durch diese von den krassesten Widersprüchen getragenen Mogeleien nicht abgestoßen zu werden. Er ist die denkbar interessanteste Figur, ich kenne keine interessantere, aber dieser beständige Hang, die Menschen zu betrügen, dies vollendete Schlaubergertum ist mir eigentlich widerwärtig, und wenn ich mich aufrichten, erheben will, so muß ich doch auf andre Helden blicken. Dem Zweckdienlichen alles unterordnen, ist überhaupt ein furchtbarer Standpunkt, und bei ihm ist nun alles mit so viel Persönlichem und geradezu Häßlichem untermischt, mit Beifallsbedürftigkeit, unbedingtem Glauben an das Recht jeder Laune, jedes Einfalls und kolossaler Happigkeit. Seine aus jedem Satz sprechende Genialität entzückt mich immer wieder, schmeißt immer wieder meine Bedenken über den Haufen, aber bei ruhigem Blute sind die Bedenken doch auch immer wieder da. Nirgends ist ihm ganz zu trauen. Andrerseits (Kritik ist billig) trifft er in dieser seiner Kritik meistens den Nagel auf den Kopf und hat sicherlich darin recht, daß wir an unsichren Zuständen laborieren und daß ein tiefes Mißtraun durch das Land schleicht. Noch richtiger wäre wohl der etwas mildere Ausspruch, ‹daß wir kein rechtes Vertrauen zu uns hegen›.»

Fontanes Abneigung ging damals so weit, daß er an Bismarcks achtzigstem Geburtstag am 1. April 1895 nicht flaggte. «Es ist gerade Mittagsstunde», schreibt er an Mete, «und die 4000 hoffentlich mit Butterstullen bewaffneten Studen-

Schloß Friedrichsruh, 1895
Holzstich nach einer Zeichnung von Emil Limmer

ten werden nun wohl gerade antreten und ihrer Begeisterung Ausdruck geben. Und Bismarck wird gewiß entzückend antworten und in diesem Fall auch ehrlich. Es ist ein Festtag für Studenten, ja, die Studenten *müssen* begeistert sein, das ist ihre verfluchte Pflicht und Schuldigkeit. Für alte Knöppe liegt es anders oder wenigstens komplizierter. Es ist schade, daß dieser Tag – wenigstens in meinen Augen – doch nicht *das* ist, was er sein könnte. Und das liegt – noch einmal nach *meinem* Gefühl – an Bismarck. Diese Mischung von Übermensch und Schlauberger, von Staatengründer und Pferdestall-Steuerverweigerer..., von Heros und Heulhuber, der nie ein Wässerchen getrübt hat – erfüllt mich mit gemischten Gefühlen und läßt eine reine helle Bewunderung in mir nicht aufkommen. Etwas fehlt ihm, und gerade das, was recht eigentlich die Größe leiht. Jude Neumann, uns gegenüber, hat auch nicht geflaggt, und Arm in Arm mit Neumann fordre ich mein Jahrhundert in die Schranken.» Doch diese Formulierungen verraten zu viel Spaß an glänzend-bissigen Antithesen, als daß man sie ganz ernst nehmen müßte.

Damals brachte die Zeitschrift «Die Gegenwart»[22] eine Sondernummer mit zahlreichen

Beiträgen, auch von ausländischen Autoren, über den Jubilar heraus. Die meisten hielt Fontane für Blech und Blödsinn. Aber eine Perle gebe es unter dem minderwertigen Material, den Aufsatz des polnischen Schriftstellers Henryk Sienkiewicz, des nachmaligen Nobelpreisträgers und Autors von «Quo Vadis?». «Er schlägt alle anderen um 7 Pferdelängen. Ich habe so was von großem historischem Sinn (trotzdem er nur ein Romanschriftsteller ist), so was von Packen und Treffen überhaupt noch nicht erlebt und stelle es über alles, was ich in Essays und Charakterbildern unserer englischen, französischen und deutschen Historiker gelesen habe.» Tatsächlich liegt hier aus der Feder eines Mannes, der dem Kanzler wegen seiner Polenpolitik nicht freundlich gesonnen sein konnte, eine kritische Würdigung von bemerkenswerter Einsicht und Tiefe vor: «Geben wir dem Kanzler, was des Kanzlers ist. Er ist ein bedeutender praktischer Politiker, und als solcher überragte er hoch alle seine Zeitgenossen. Wenn die Idee der Einigung Deutschlands nicht vor ihm existiert hätte, so wäre er wahrscheinlich nicht darauf gekommen; denn er ist nicht einer von jenen schöpferischen Geistern, die große Ideen hervorbringen und der Welt schenken. Aber wenn er nicht wäre, so wäre auch die Einigung Deutschlands ein Traum geblieben und nicht eine vollbrachte Tatsache.

In der Geschicklichkeit, die von der Nation geschaffenen Gedanken praktisch durchzuführen und ihnen Leben zu verleihen, kann vielleicht Cavour allein mit ihm verglichen werden, aber zunächst ist Cavour Hilfe von außen gekommen, und sodann hat dessen Werk Europa nicht in dem Maße erschüttert und nicht eine solche Macht geschaffen, wie es Deutschland ist. In dieser Hinsicht ist die Stellung des Fürsten Bismarck die allererste. Unvergleichlich in der Ausnutzung der Menschen, der Dinge und der Verhältnisse, hat Fürst Bismarck in der Tat eine bewundernswerte Fülle von Ereignissen erfaßt und es verstanden, nicht nur aus den günstigen Nutzen zu ziehen und die gefährlichen zu meiden, sondern, was noch viel größer ist, er verstand sie alle nutzbringend für seinen Zweck zu gestalten. In dieser Hinsicht lag eine große schöpferische Kraft in seinem Wesen.

Es ist hier nicht Raum für seine Geschichte. Es genügt zu erwähnen, daß vom Beginn des Jahres 1863 alles, was in der Welt geschah, wenn nicht durch ihn, so doch für ihn geschah. Der

Strom der europäischen Ereignisse glaubte dort zu fließen, wohin ihn seine natürliche Kraft drängt, indes führte ihn der große Müller auf seine eigenen Räder und mahlte das Mehl, aus dem er sich solches Brot buk, welches er haben wollte.

Es war etwas in seiner Methode, was in ungewöhnlicher Weise die menschliche Phantasie frappierte. Es vereinigten sich in ihm scheinbar die entgegengesetztesten Eigenschaften: Unbesonnenheit mit der größten Vorsicht; er war gleichzeitig aufrichtig und hinterlistig. Der Bau, den er aufgerichtet, war kunstvoll und fein, und zugleich war er wie aus zyklopischen Blöcken hergestellt. In jeder seiner Taten sah man eine geschickte Riesenhand. Sein Name verbündet sich mit der ruhmvollsten Epoche Deutschlands. Darum ist es nicht verwunderlich, daß er für die Deutschen eine Art Thor aus der Walhalla ist und bleiben wird, das ist, die Verkörperung des deutschen Ruhmes, das Monument seiner Kraft.

Aus derselben Quelle, aus der seine Vorzüge flossen, stammen auch seine Fehler. Der praktische Politiker hat in ihm den großen Menschen getötet. Dieser Verehrer und Schöpfer der Kraft war zugleich auch ein Philister derselben. Je treuer der Erfolg seinen Spuren folgte, je größer sein Werk wuchs, desto weniger war Fürst Bismarck imstande zu begreifen, daß die Kraft eine Seele besitzen muß, und zwar eine reine und moralische Seite. Bismarck stellt sich sogar den Deutschen nur zur Hälfte als die Verkörperung der Kraft dar – zur andern Hälfte aber als die Personifikation der verschiedenen Gefühle des Hasses. Das fühlt der Kern der deutschen Gesellschaft, und bei der vollen Bewunderung für Bismarck sagt ihm zugleich der Instinkt der Abwehr wie auch das Bewußtsein der hohen Bestimmung, daß die Einigung Deutschlands vielleicht wirklich das Werk dieses Mannes gewesen sein konnte, daß aber in Zukunft Deutschland nicht mit seinem Geiste fortleben könne.» Kein Wunder, daß Fontane diese Studie unübertrefflich fand, lag sie doch auf seiner Linie.

Bemerkenswert für das Wechselbad der Gefühle Bismarck gegenüber ist, daß sich etwas in Fontane sperrt, wenn alle Welt ihn feiert, daß er sich aber sogleich vor ihn stellt, wenn unzulängliches Mittelmaß ihm den nötigen Respekt versagt. So fand er die herablassende Behandlung Bismarcks im Erlaß Kaiser Friedrichs zum Regierungswechsel 1888 und die Leitartikel der

Presse dazu empörend. Im Brief vom 14. März 1888 an Mete heißt es: «Was ich 2 Stunden vorher in der Vossin in einer verhältnismäßig reservierten Sprache gelesen hatte, das tritt nun hier in aller Roheit, in aller Schabernackfreude hervor. Falstaff tritt an den toten Percy heran, und nachdem er sich überzeugt, *daß* er tot, pickt er mit seinem Säbel in ihm herum. Und hat nun Heldenblut an seinem Krötenspieß. Der Eindruck ist widerlich. Gestern noch der Mann, der den Erdball in Händen hielt, heute nur noch dazu da – nach dem Größten, das *politisch* in einem Jahrtausend geleistet worden ist ... –, sich ... sagen lassen zu müssen: ‹er sei nur ein *Diener* gewesen und könne, wenn er hübsch artig sein wolle, in seinem *Dienst*verhältnis bleiben›. Unerhört; furchtbar! ... Und das sind dann die Blätter, wonach ‹Geschichte› geschrieben wird. Diener und wieder Diener. Niederträchtiger Undank, Undank – und das ist das Schlimmste – mit hoher polizeilicher Erlaubnis! Nun werden sie wohl alle aus ihren Sümpfen und Höhlen herauskriechen und ihm Mätzchen machen und ihn ausätschen.»

Und Jahre später nahm Fontane das Thema noch einmal auf, im Brief vom 6. April 1897 an

Friedlaender: «Ich bin kein Bismarckianer, das Letzte und das Beste in mir wendet sich von ihm ab, er ist keine edle Natur; aber die Hohenzollern sollten sich *nicht* von ihm abwenden, denn die ganze Glorie, die den alten Wilhelm umstrahlt ... die ganze neue Glorie des Hauses verdankt das Hohenzollerntum dem genialen Kraftmeier im Sachsenwald. ‹Es wächst das Riesenmaß der Leiber hoch über Menschliches hinaus.› Und das Riesenmaß seines Geistes stellt noch wieder das seines Leibes in Schatten. Und *der* soll Werkzeug gewesen sein oder Handlanger oder gar Pygmäe! Wie kann man die Geschichte so fälschen wollen. Es ist der sprichwörtliche Undank der Hohenzollern, der einen hier anstarrt. Glücklicherweise schreibt die Weltgeschichte mit festem Griffel weiter.»

Es war übrigens in diesen Jahren, daß Fontane an den befreundeten Karl Eggers schrieb[23]: «... als ich eines Tages las, ‹daß es nur noch drei große Männer in Deutschland gäbe: Bismarck, Menzel und Fontane› – *da* wurde mir doch unheimlich. Es muß notwendig ein Rückschlag kommen, und wie mir Pietsch[24] an meinem Geburtstag erzählte ... daß das ‹Daheim› einen Artikel vorbereite, drin ich mehr oder weniger

Fontane im Jahr 1896
Kreidezeichnung von Max Liebermann

als alter Esel dargestellt würde, erkannte ich so was von göttlicher Gerechtigkeit.»

Nicht unempfindlich für Klatsch und immer neugierig auf alles, was von Friedrichsruh hörbar wurde, berichtet Fontane seiner Tochter am 19. März 1896: «Liebermann[25] erzählte mir, Bismarck verbringe seine Tage nur noch mit Schimpfen. Er freue sich über jeden Besuch, weil er dann gleich wieder loslegen und auf seiner Invektiven-Orgel ein neues Register ziehen könne. Immer gegen den Kaiser. Sein alter Diener soll neulich zu ihm gesagt haben: ‹Durchlaucht, ick will lieber en bisken raus gehn, daß ich es nich alles höre.› – ‹Ja, geh nur, ich hab mich noch lange nicht ausgekollert.›» Das war ganz nach Fontanes Geschmack. Daher fährt er fort: «Bei jedem andern würd ich drüber die Achseln zucken, aber zu Bismarck gehört es; es kleidet ihm.»

Man spürt, Fontane vermochte sich der ihn immer wieder bezaubernden originalen Persönlichkeit des großes Mannes nicht zu entziehen. Waren sie auch nach Geburt und Stand, Laufbahn und Leistung weit voneinander entfernt, in einem treffen sie sich: Beide sind Meister unserer Sprache, beide beherrschen den Plauderton, die

Kunst der Causerie und gehören zu Deutschlands größten Briefschreibern.

In einer prächtigen Publikation von 1880 mit dem Titel «Vaterländische Reiterbilder aus drei Jahrhunderten» – die Bilder von Camphausen[26], der Text von Fontane – hatte dieser, wie er sagt, eine kleine Biographie über Bismarck verbrochen und darin über den Briefschreiber Bismarck folgendes gesagt: «Er ist ein ausgezeichneter Briefschreiber. Seine Handschrift ist ungewöhnlich groß, energisch und bestimmt, sie sieht nicht aus wie die Handschrift eines Schnellschreibenden. Es ist wahrscheinlich, daß er so schreibt, wie er spricht, langsam, immer nach dem möglichst klaren Ausdruck seiner Gedanken suchend. Weitschweifigkeiten sind ihm ganz besonders zuwider. Da er vor dem Sprechen oder Schreiben weiß, was er zu sprechen und zu schreiben hat, so gibt er sich nicht eher zufrieden, bis er für die Wiedergabe seiner Ideen das präziseste Wort gefunden hat. Daher sein Stocken während des Redens und daher wahrscheinlich seine Langsamkeit im Schreiben. Indessen zeigt sein Stil keinerlei Spuren von Zögern oder Unschlüssigkeit; er ist vielmehr umgekehrt durchsichtig und fließend. In seinen

Privatbriefen gibt er sich witzig, voll lebhaftem Humor, ohne sarkastisch zu sein, ein scharfer Beobachter von Menschen und Dingen, voller Verachtung alles Niedrigen. Seine Briefe enthalten selten mehr als Tatsachen und Beschreibungen; nur hin und wieder begegnet man einer kurzen Stelle, welche echtes, den Tiefen des Herzens entsprungenes Gefühl verrät. Seine Bilder und Vergleiche sind meistens sehr gut und oft ungewöhnlich humoristisch.»

Diese Beurteilung Fontanes, sozusagen des Kollegen vom Fach, ist vielleicht etwas nüchtern ausgefallen, wobei allerdings zu bedenken ist, daß im Jahre 1880 erst ein Teil des großartigen epistulären Werks von Bismarck der Öffentlichkeit bekannt war. Da war Paul Heyse schon auf der richtigen Spur, wenn er zur Veröffentlichung eines Buches über Bismarck[27] bereits 1869 geschrieben hatte: «Würde dieser Herr, statt mit Politik sich zu befassen, auf dem Felde der Novellistik auftreten, so würde er als ernsthafter Konkurrent um die Gunst des Publikums einzuschätzen sein.» Und zweifellos hat Hans Rothfels[28] recht, wenn er sagt, daß Bismarcks Briefe zu den Meisterwerken der Briefliteratur gehören. Das gilt natürlich auch von Fontane, von dessen Briefen Thomas Mann[29] noch ein Jahr vor seinem Tod schwärmte: «Welche Wohltat ist es, dem vertrauten und liebenswerten Tonfall dieses Briefstils in seiner anmutvollen Saloppheit, aber auch in seiner erregten, gespannten und ins Schwarze treffenden Weltkritik wieder zu lauschen.»

Und lauschen wir ihren Briefen, dann möchte man heraushören, daß sich Bismarck und Fontane wohl ganz gut verstanden hätten, wenn sie miteinander bekannt gewesen wären. Halten wir auszugsweise drei Briefe nebeneinander:

Da ist einer aus Norderney: «Seit 14 Tagen hatte ich mir vorgenommen, Dir zu schreiben, ohne bisher in dem Drange der Geschäfte und Vergnügungen dazu gelangen zu können. Wenn Du neugierig bist, welches diese Geschäfte sein möchten, so bin ich wirklich bei der Beschränktheit meiner Zeit und dieses Papiers außerstande, Dir ein vollständiges Bild davon zu entwerfen, da ihre Reihenfolge und Beschaffenheit je nach dem Wechsel von Ebbe und Flut täglich die mannigfaltigsten Abänderungen erleidet. Man badet nämlich nur zur Zeit des höchsten Wassers, weil dann der stärkste Wellengang ist; eine Zeit, die zwischen 6 morgens und abends täglich um eine Stunde später eintritt und in angenehmer Abwechslung die Vorzüge eines windkalten regnigten Sommermorgens bald in Gottes herrlicher Natur, unter den erhebenden Eindrücken von Sand und Seewasser, genießen läßt, bald in meines Wirtes fünf Fuß langem Bett unter den behaglichen Empfindungen, die das Liegen auf einer Seegrasmatratze in mir zu erwecken pflegt.

Ebenso wechselt die *table d'hôte* ihrer Zeit nach zwischen ein und fünf Uhr, ihren Bestandteilen nach zwischen Schellfisch, Bohnen und Hammel an den ungeraden und Seezunge, Erbsen und Kalb an den geraden Tagen des Monats, woran sich im ersten Falle süßer Grieß mit Fruchtsoße, im zweiten Pudding mit Rosinen anschließt. Damit das Auge den Gaumen nicht beneidet, sitzt neben mir eine Dame aus Dänemark, deren Anblick mich mit Wehmut und Heimweh füllt; sie muß ein herrliches Gemüt haben, oder das Schicksal war ungerecht gegen sie; auch ist ihre Stimme sanft, und sie bietet mir zweimal von jeder Schüssel an, die vor ihr steht. Mir gegenüber sitzt der alte Graf Beust, eine jener Gestalten, die uns im Traume erscheinen, wenn wir schlafend übel werden; ein dicker

Frosch ohne Beine, der vor jedem Bissen den Mund wie ein Nachtsack bis an die Schultern aufreißt, so daß ich mich schwindelnd am Rande des Tisches halte. Mein anderer Nachbar ist ein russischer Offizier, ein guter Junge, gebaut wie ein Stiefelknecht, langer schlanker Leib und kurze krumme Beine. Die meisten Leute sind schon abgereist, und unsere Tischgesellschaft ist von zwei- bis dreihundert auf zwölf bis fünfzehn zusammengeschmolzen. Ich selbst habe mein Deputat an Bändern nun auch weg und werde mit dem nächsten Dampfschiff, welches übermorgen erwartet wird, abgehen.»

Und nun ein Brief aus Neuhausen: «Ich blieb im ‹Storch› drei Stunden länger, als ich berechnet hatte. Schönheit und Liebenswürdigkeit der Wirtin waren nicht schuld daran; sie sah aus, als habe sie der Storch zu viel oder zu wenig gebissen. Ihr Antlitz klärte sich auch nicht auf, wohl aber das Wetter. Dies bestimmte mich, nicht direkt nach Konstanz, sondern nur bis Neuhausen (Station in Nähe von Schaffhausen) zu gehen. Man bleibt jetzt in der Regel an diesem Ort, weil man den Rheinfall von hier aus am schönsten sieht. Auch das Gasthaus ist hier am besten; echt englisches Hotel, in dem man wieder Mensch wird. Viel tragen zu dieser wohltuenden Erscheinung allerdings die Engländer selbst bei; richtiger die Engländerinnen. Es hilft nichts, wir verschwinden neben ihnen. Ich will dies alte Streitthema nicht zum hundertsten Male behandeln, aber es ist so, wie ich es sage. Durch Abstammung, Erziehung, Pflege, Freiheit und allerglücklichste Lebensverhältnisse repräsentieren sie schließlich eine höhere Rasse. Das ganze Volk trägt einen aristokratischen Stempel. Was bei uns in Exemplaren vorkommt, kommt bei ihnen massenhaft vor. Auch bei uns gibt es Rosen, aber im Rosental zu Kaschmir wachsen sie wild ...

Der Rheinfall wirkt wie die Jungfrau. Was dort der Schnee tut, tut hier der Wasserschaum. Man steht hier wie dort einem Etwas gegenüber, das einen durch Reinheit beglückt. Dazu verwandte Farbenwunder. Inmitten dieser Schaummasse, die völlig wie ein Schneesturz niederdonnert, werden smaragdene Töne sichtbar, die an Schönheit mit dem Alpenglühen wetteifern können. *Dies* hier ist ein Punkt für Hochzeitsreisende! Von Hotel zu Hotel traben oder Galerien absuchen, kann dem tapfersten Recken den honey-moon verleiden; aber in diesem ‹Schweizer-Hof› 14 Tage leben und das Dasein in Liebe, Rheinfall und substantial breakfasts gipfeln zu sehen, muß für einen 25jährigen himmlisch sein. Selbst die Langeweile verliert hier ihren Charakter. Es braucht hier nichts gesagt zu werden, ja, es *soll* hier nichts gesagt werden. Die Natur ist in einem steten Donner, und wenn es donnert, schweigt der Mensch. So wird hier auf natürlichem Wege und fast von Schicklichkeits wegen die Klippe vermieden, an der fast alle Liebespaare scheitern: die Unterhaltungsnot. Gesagt ist alles, und *immer* küssen geht über die menschliche Kraft. Deshalb gehe denn heute auch nur *ein* Kuß in die Heimat; über die Adresse schweig' ich verschämt.»

Und noch ein paar Zeilen aus einem dritten Brief: «Am Abend wollte ich Dir schreiben, aber es war so himmlische Luft, daß ich wohl zwei Stunden auf der Bank vor der Gartenstube saß, rauchte und die Fledermäuse fliegen sah, ganz wie vor zwei Jahren mit Dir, mein Liebling, ehe wir unsere Reise antraten. Die Bäume standen so still und hoch neben mir, die Luft voll Lindenblüten, im Garten schlug eine Wachtel und lockten Rebhühner, und hinten über Arneburg lag der letzte blaßrote Saum des Sonnenuntergangs.»

Der Leser hat es natürlich erraten: der erste Brief ist von Bismarck, der zweite von Fontane und der letzte wieder von Bismarck, dessen Landschaftsschilderungen man einmal die bezwingendsten in der deutschen Sprache genannt hat.[30]

Noch einmal zurück zur Bismarck-Biographie[31], in der Fontane eine Annäherung an Erscheinung und Charakter des Kanzlers versuchte, die noch recht weit von seiner späteren verhärteten Unterscheidung zwischen dem Staatsmann und dem Menschen Bismarck entfernt ist: «Das Bild, das wir von ihm geben, stellt ihn als einen mittleren Fünfziger dar. Es ist ein seltenes Gesicht, welches allenthalben Aufmerksamkeit erregen würde, selbst wenn es nicht einem Manne gehörte, dessen Taten die moderne Welt verändert haben. Es sind Züge, die man nicht wieder vergißt, durchaus nicht schön, aber noch weniger häßlich. In längst vergangenen Tagen war dieses Gesicht auffallend klar, voller Fröhlichkeit, ja selbst Ausgelassenheit; jetzt ist es ernst geworden, beinahe feierlich, mit einem Ausdruck unerschrockenster Energie und Kühnheit. Die kahle Stirn, für den Phrenologen ein Gegenstand der Bewunderung, ist von ganz unge-

Bismarck
Pastell von Franz von Lenbach

wöhnlichem Umfang. Die großen und hervortretenden blauen Augen scheinen, ohne zu blinzeln, in die Sonne sehen zu können; sie sind nicht schnell, sondern wandern langsam von einem Gegenstand zum andern. Aber wenn sie auf einem menschlichen Antlitz ruhen bleiben, werden sie in so hohem Grade forschend, daß mancher, welcher diesen Blick auszuhalten hat, sich darunter unbehaglich fühlt. Jeder, er sei, wer er sei, wird sich dabei bewußt, in Gegenwart eines Mannes zu sein, mit dem es am besten ist, offen zu verkehren, da er wahrscheinlich den unscheinbarsten Hintergedanken bald entdeckt haben würde.

Fürst Bismarck hat von sich selbst gesagt, daß er ‹der bestgehaßte Mann in Europa› sei. Er hat in der Tat viele heftige Gegner in den verschiedensten Teilen der Welt, und wenn er unter seinen wenigen persönlichen und intimen Freunden sitzt, frei von allem Zwang, seine lange Pfeife rauchend, den Kopf seines großen Hundes streichelnd und mit halber Aufmerksamkeit der in gedämpftem Ton geführten Unterhaltung zuhörend, legt es sich über sein kaltes Gesicht wie ein leichter, durchsichtiger Schleier, hinter welchem seine harten Züge weicher werden und einen ungeahnten Ausdruck von gedankenvoller Traurigkeit annehmen. Denn obgleich einer der sachlichsten Menschen, welche die Welt je gekannt hat, birgt er in seiner Brust eine Ader tiefen Gefühls. Und so gewiß es ist, daß dieses Gefühl nichts gemein hat mit krankhafter Sentimentalität, so gewährt es ihm doch die Möglichkeit, alles nachzuempfinden, was ein Herz während der Reise durch das Leben zu ertragen hat.

Er war der Abgott seiner Bauern, solange er unter ihnen auf seinen Gütern in der Mark und Pommern lebte. Obgleich sein Leben mit der äußersten Genauigkeit von seinen Freunden sowohl wie von seinen Feinden durchforscht worden ist, ist doch niemals etwas entdeckt worden, was ihn in einem anderen Lichte als dem eines gütigen und leutseligen Herrn hätte erscheinen lassen. Er ist durchaus nicht, was man hin und wieder ‹streng, aber gerecht› nennt und was in den meisten Fällen einfach ‹sehr hart› bedeutet. Er war umgekehrt von jeher schutz- und hilfsbereit allen denen gegenüber, welche ein Recht hatten, auf seinen Schutz zu vertrauen.

Man mag Bismarck lieben oder ihn hassen, so muß doch immer zugestanden werden, daß intellektuell dasselbe von ihm gilt, was in physischer Beziehung von ihm gesagt worden ist: ein gewaltiger Mann! Er selbst ist sich dessen wohl bewußt und verläßt sich auf seine Kraft in ungewöhnlichem Maße, daher auch seine Kühnheit, welche einen hervorstechenden Zug seines Charakters bildet. Er hat seine Stimme nicht erst dann laut und stolz erhoben und ist nicht dann erst in den Streit eingetreten, als er ein großer Mann geworden war; im Gegenteil, er konnte sich nur zu seiner jetzigen Höhe erheben, weil er kühn gesprochen und stolz gehandelt hat zu seiner Zeit, als er noch eine unbedeutende Persönlichkeit war. Er hat jeder Art von Gefahr, ungeachtet er nicht blind dafür war, mit dem gleichen unerschrockenen Mute ins Auge geblickt. Er war nicht mutlos, als ihn seine Landsleute einen Verräter nannten und ihn anklagten, die preußische Verfassung verletzt zu haben, und er zeigte eine merkwürdige Ruhe in den ereignisvollen Tagen, als König Wilhelm auf seinen Rat gegen Österreich und dann zum Kriege gegen Frankreich zog. Bismarck war von jenem grenzenlosen, beinahe an Wahnsinn streifenden Optimismus durchdrungen, ohne welchen große Taten nie vollbracht worden sind. Er hoff-

Bismarck als Gutsherr bei einem Ritt
über seine Ländereien
Holzstich von Richard Brend'amour nach einem
Gemälde von Gustav Marx

te mit Bestimmtheit, sein Spiel zu gewinnen, und dem Manne gleich, welcher stets bereit ist, seinen Einsatz zu verdoppeln, hat er immer höher und höher gespielt.

Wenn er sich auf dem Lande befindet, so führt er das Leben eines Landedelmannes aus der alten Schule; er kümmert sich um sein Eigentum, nimmt lebhaftes Interesse an den Bauern, reitet, jagt, schießt und ist kein Freidenker. Von jeher hat er sich mit großem Ernst als einen gläubigen Mann bekannt. ‹Das Leben hätte keinen Wert›, schrieb er an seinen Schwager, ‹wenn der Tod hier unten das Letzte wäre.›»

Als am 30. Juli 1893 die Nachricht vom Tod Bismarcks die Welt durcheilt und die Fahnen auf halbmast gehen, schreibt Mete an eine Freundin: «Papa sitzt und weint, was ich begreife.»

Ich denke, wir begreifen's auch. Um so mehr, wenn wir uns noch einmal die liebenswerte Gestalt des alten Stechlin vergegenwärtigen, in dem so viel vom alten Fontane selbst steckt. Dubslav, so lesen wir, hatte einen Bismarckkopf.

Was nun Dubslav dazu bemerkt, ist zu fontanisch, um es zu verschweigen, und auch charakteristisch für Fontanes nie ganz zum Ausgleich kommenden Umgang mit Bismarck als Persönlichkeit und als Problem.

«Der alte König Friedrich», heißt es im «Stechlin», «das war sein Mann, mehr als irgendwer, der sich seitdem einen Namen gemacht hatte. Das zeigte sich jedesmal, wenn ihm gesagt wurde, daß er einen Bismarckkopf habe. ‹Nun ja, ja, den hab' ich; ich soll ihm sogar ähnlich sehen. Aber die Leute sagen es immer so, als ob ich mich dafür bedanken müßte. Wenn ich nur wüßte, bei wem; vielleicht beim lieben Gott oder am Ende gar bei Bismarck selbst. Die Stechline sind aber auch nicht von schlechten Eltern. Außerdem, ich für meine Person, ich habe bei den sechsten Kürassieren gestanden und Bismarck bloß bei den siebenten, und die kleinere Zahl ist in Preußen bekanntlich immer die größere; – ich bin ihm also einen über. Und Friedrichsruh, wo alles jetzt hinpilgert, soll auch bloß 'ne Kate sein. Darin sind wir uns also gleich. Und solchen See wie den ‹Stechlin›, nu, den hat er schon ganz gewiß nicht. So was kommt überhaupt bloß selten vor.»

Anmerkungen

1 Thomas Mann zitiert aus Fontanes Brief vom 12. August 1882 an dessen Frau. In: Mann, «Nachlese, Prosa 1951–1955», Frankfurt am Main 1956.

2 Die «Preußenlieder» entstanden 1846/47.

3 Die Sammlung liberaler bis radikaldemokratischer Gesinnung «Gedichte eines Lebendigen», die trotz Zensur ein Bestseller wurde, sorgte bei Erscheinen 1841 für großes Aufsehen und machte den Stuttgarter Georg Herwegh (1817–1875) 1841 mit einem Schlag berühmt.

4 Der auszugsweise zitierte Artikel erschien in der «Zeitungs-Halle» vom 31. August 1848.

5 «Zeitungs-Halle», 14. Oktober 1848.

6 «Zeitungs-Halle», 7. November 1848.

7 In Shakespeares Tragödie besitzt der stolze und geltungssüchtige König Lear wenig Menschenkenntnis und überläßt seinen beiden schmeichlerischen Töchtern Goneril und Regan sein Reich zu gleichen Teilen. Der Undank seiner Kinder, die ihn demütigen und ihm seine Würde rauben, treibt ihn in den Wahnsinn.

8 Eigentlich: «Neue Preußische (Kreuz-)Zeitung».

9 In: «Fontanes Briefe», Salzburg/Stuttgart 1961.

10 In: «Gedanken und Erinnerungen», Bd. 3, «Der Kronrat vom 24. Januar», Berlin 1919.

11 In: Fontane, «Briefe an Georg Friedlaender», Heidelberg 1954.

12 Zu Borusse = Preuße; Borussia, die Frauengestalt als Sinnbild Preußens.

13 In dem vermutlich 1894 entstandenen Fragment läßt Fontane den Geheimrat Schulze sagen: «Glauben Sie mir, Bismarck hat immer recht.»

14 Die Bemerkung findet sich in «Die preußische Idee».

15 Sowohl die Zeitschrift «Cosmopolis» als auch die «Vossische Zeitung» hatten Fontane um ein Gedicht zum Tod Bismarcks gebeten. Es wird indirekt Fontanes Brief vom 1. August 1898 an Ernst Heilborn, den Redakteur der «Vossischen Zeitung», zitiert. Das Gedicht erschien am 3. August 1898 in der «Vossischen Zeitung» und wurde 1901 im Mausoleum Friedrichsruh eingemeißelt.

16 Thomas Manns Brief an Maximilian Harden (Maximilian Felix Ernst Witkowski), Herausgeber der «Zukunft», in: Mann, «Briefe», Bd. 1, Frankfurt 1995.

17 Fontanes Brief an Georg Friedlaender vom 10. Februar 1888: «Schon wieder im Feld! Und diesmal mit den viel angefochtenen ‹Irrungen und Wirrungen›. Daß sie [die Irrungen] sich siegreich durcharbeiten, ist mir bei der entsetzlichen Mediokrität deutscher Kritik und deutschen Durchschnittsgeschmacks nicht wahrscheinlich. Ist auch nicht nötig. Man muß es nehmen, wie's fällt.»

18 Der Londoner William Blake Richmond (1842–1921), Slade-Professor in Oxford und Mitglied der Royal Academy, Sohn des berühmten Porträtisten George Richmond.

19 Aufsatzentwurf «Die gesellschaftliche Stellung der Schriftsteller» von 1891.

20 Zitiert aus Fontanes «Kriegsgefangen. Erlebtes 1870». 1. Abteilung: «Domremy».

21 Brief vom 13. Juli 1881.
22 Die Sondernummer erschien 1895; Fontanes Kommentar dazu im Brief vom 3. April 1895 an Friedrich Stephany.
23 Brief vom 3. Januar 1896.
24 Fontanes Redaktionskollege bei der «Vossischen Zeitung».
25 Der befreundete Max Liebermann porträtierte Bismarck und Fontane.
26 Wilhelm Camphausen (1818–1885), Militär- und Schlachtenmaler, wandte sich insbesondere der vaterländischen, speziell der preußischen Geschichte zu. Er machte den Dänischen Feldzug als Schlachtenzeichner mit. Die größte Popularität erlangte er mit den mächtigen Reiterporträts des «Alten Fritz», Kaiser Wilhelms usw.
27 George Hesekiel, «Buch vom Grafen Bismarck» 1869.
28 Rothfels in der Einleitung als Herausgeber der Ausgabe «Bismarck-Briefe», Göttingen 1955.
29 Mann, «Briefe», Frankfurt.
30 Zitiert wird aus dem Brief Bismarcks an seine Schwester vom 9. September 1844, Fontanes Brief vom 6. August 1875 aus Neuhausen an seine Frau und einem weiteren Brief Bismarcks vom 18. Juli 1849 an seine Frau.
31 Vgl. Anm. 26.

Literatur

Briefzitate folgen mit wenigen Ausnahmen, die angemerkt sind, der Ausgabe: Theodor Fontane, «Werke, Schriften und Briefe», Abteilung IV: Briefe, hrsg. von W. Keitel und H. Nürnberger, München 1978–82.

Theodor Fontane, «Sämtliche Werke», 24 Bde. (1959–66), München 1959 ff.

«Fontane-Blätter», Halbjahresschrift, begründet 1965, herausgegeben vom Theodor-Fontane-Archiv, Potsdam

Attwood, Kenneth, «Fontane und das Preußentum», Berlin 1970

Jolles, Charlotte, «Fontane und die Politik», Berlin 1983

Gall, Lothar (Hrsg.), «Das Bismarck-Problem in der Geschichtsschreibung nach 1945», Köln/Berlin 1971

Meinecke, Friedrich, «Preußen und Deutschland im 19. und 20. Jhdt.», München und Berlin 1918

Nürnberger, Helmut, «Fontane. In Selbstzeugnissen und Bilddokumenten», Reinbek 1968

Müller-Seidel, Walter, «Fontane und Bismarck», in «Nationalismus in Germanistik und Dichtung», hrsg. von Benno von Wiese, Berlin 1967

Bildnachweis

Für die Reproduktionserlaubnis danken wir der Kunsthalle Bremen (Kreidezeichnung von Max Liebermann), der Städtischen Galerie im Lenbachhaus in München (Pastell von Franz von Lenbach) und dem Archiv für Kunst und Geschichte, Berlin.

Inhaltsverzeichnis

Der Verlag dankt der
Stiftung Landesgirokasse: Kunst und Kultur
für die großzügige Unterstützung

Diese Buchausgabe der *Manesse Bücherei* wurde
aus der Linotype Bembo gesetzt, im Bogenoffset
gedruckt und in Fadenheftung gebunden.
Alle verwendeten Materialien entsprechen
alterungsbeständiger Qualität, und die Papiere
sind chlor- und säurefrei.

Die Deutsche Bibliothek – CIP-Einheitsaufnahme
Schumann, Hans:
Der Schwefelgelbe : Fontane und Bismarck /
Hans Schumann. – Zürich : Manesse Verlag, 1998
(Manesse Bücherei)
ISBN 3-7175-8243-7

Buchgestaltung:
Brigitte und Hans Peter Willberg, Eppstein